BEI GRIN MACHT SICH IHR WISSEN BEZAHLT

AF153410

- Wir veröffentlichen Ihre Hausarbeit,
  Bachelor- und Masterarbeit

- Ihr eigenes eBook und Buch -
  weltweit in allen wichtigen Shops

- Verdienen Sie an jedem Verkauf

Jetzt bei www.GRIN.com hochladen und kostenlos publizieren

Michael Schadow

Rolle und Bedeutung des Romans bei Christian Thomasius und Gotthard Heidegger

Ein Vergleich zweier romantheoretischer Positionen des 17. Jahrhunderts

GRIN Verlag

Bibliografische Information der Deutschen Nationalbibliothek:

Die Deutsche Bibliothek verzeichnet diese Publikation in der Deutschen National-
bibliografie; detaillierte bibliografische Daten sind im Internet über http://dnb.d-
nb.de/ abrufbar.

Impressum:

Copyright © 2007 GRIN Verlag GmbH
Druck und Bindung: Books on Demand GmbH, Norderstedt Germany
ISBN: 978-3-638-91045-3

Dieses Buch bei GRIN:

http://www.grin.com/de/e-book/83517/rolle-und-bedeutung-des-romans-bei-chris-
tian-thomasius-und-gotthard-heidegger

GRIN - Your knowledge has value

Der GRIN Verlag publiziert seit 1998 wissenschaftliche Arbeiten von Studenten, Hochschullehrern und anderen Akademikern als eBook und gedrucktes Buch. Die Verlagswebsite www.grin.com ist die ideale Plattform zur Veröffentlichung von Hausarbeiten, Abschlussarbeiten, wissenschaftlichen Aufsätzen, Dissertationen und Fachbüchern.

Besuchen Sie uns im Internet:

http://www.grin.com/

http://www.facebook.com/grincom

http://www.twitter.com/grin_com

Universität Potsdam
Institut für Germanistik
Grundkurs: „Einführung in die Literatur und Sprache des 17. Jahrhunderts"

Sommersemester 2007

Seminararbeit

Rolle und Bedeutung des Romans bei Christian Thomasius und Gotthard Heidegger

Ein Vergleich zweier romantheoretischer Positionen des 17. Jahrhunderts

vorgelegt von Michael Schadow

1

Inhaltsverzeichnis

I. Einleitung 2

II. Autoren und Erscheinungskontext der romantheoretischen Positionen 2

III. Zur Diskussion um den Roman 4

    III.1. Der Roman zwischen Wahrheit und Fiktion 4

    III.2. Vom Nutzen und Nachteil des Romans 5

IV. Zusammenfassung 7

Quellen- und Literaturverzeichnis (inkl. weiterführender Bibliografie) 8

I. Einleitung

Obgleich in Martin Opitz' „Buch von der Deutschen Poeterey"[1] aus dem Jahre 1624 noch nicht vom Roman die Rede ist, wird während des 17. Jahrhunderts im deutschsprachigen Raum ein gelehrter Diskurs über die Rolle und Bedeutung des Romans geführt. Mit den romantheoretischen Beiträgen von Christian Thomasius (1655-1728) und Gotthard Heidegger (1666-1711) finden sich gegen Ende des 17. Jahrhunderts zwei konträre Positionen zum Roman. Anhand zentraler romantheoretischer Texte[2] beider sollen in meiner Arbeit die zeitgenössischen Sichtweisen barocker Prosa-Literatur[3] mit ihren jeweiligen Argumenten, Wertungen und Beispielen vergleichend untersucht werden. Nach einigen kurzen Bemerkungen über Thomasius und Heidegger sowie den Kontext ihrer herangezogenen Äußerungen (II.) wird zu betrachten sein, wie beide den fiktionalen Charakter des Romans beurteilen (III.1.) bzw. welchen Nutzen sie in ihm sehen (III.2.). Abschließend sollen die Ergebnisse kurz zusammengefasst werden (IV.).

II. Autoren und Erscheinungskontext der romantheoretischen Positionen

Thomasius, ursprünglich Jurist, gilt als „ ‚Vater' der deutschen Aufklärung"[4]. Nicht zuletzt liegt dies in seinem Wirken als Professor an der Universität Halle, wo er ab 1694 durch seine Arbeiten auf dem Gebiet der Rechts- und Staatsphilosophie als progressiver Geist für Furore sorgte. Seine stetige Auseinandersetzung mit den tief im orthodox-scholastischen Denken verhafteten Autoritäten der Zeit[5] spiegelt sich etwa in Thomasius' vehementem Einsatz für den Gebrauch der deutschen Sprache in der Wissenschaft wider. Auch die Herausgabe der „Monatsgespräche", einer der ersten Zeitschriften in deutscher Sprache, im Jahre 1688 ist im Kontext dieser Aktivitäten zu verorten.[6] Aber die „Monatsgespräche" waren noch mehr: Sie bildeten ein Forum für literarische Kritik. Die Tatsache, dass bereits im ersten Heft eine fikti-

---

[1] Opitz, M.: Buch von der Deutschen Poeterey (1624), hg. v. H. Jaumann, Stuttgart 2002.
[2] Um den Rahmen dieser Arbeit von vornherein einzugrenzen, soll allein auf die bei Lämmert, E. u.a. (Hgg.): Romantheorie. Dokumentation ihrer Geschichte in Deutschland 1620-1880, Berlin 1971 abgedruckten zentralen Auszüge aus den „Monatsgesprächen" von Thomasius bzw. aus den „Mythoscopia Romantica" von Heidegger zurückgegriffen werden.
[3] Vgl. Niefanger, D.: Barock. Lehrbuch Germanistik, 2., überarb. u. erw. Aufl., Stuttgart 2006, S. 174; unter dem Begriff ‚Roman' soll hier ein „schriftlich fixierter, relativ umfangreicher, fiktionaler Prosatext in einer nicht nur Gelehrten verständlichen Sprache" verstanden werden, womit ich mich auf die Definition von Schneider, J.: Einführung in die Roman-Analyse, Darmstadt 2003, S. 8 beziehe.
[4] Schneiders, W.: s.v. Thomasius, Christian, in: Deutsche Biographische Enzyklopädie, Bd. 10, München 1989, S. 20.
[5] Vgl. Schröder, P.: Christian Thomasius zur Einführung, Hamburg 1999, S. 153.
[6] Näheres bei Jaumann, H.: Bücher und Fragen: Zur Genrespezifik der Monatsgespräche, in: Vollhardt, F.(Hg.): Christian Thomasius (1655-1728). Neue Forschungen im Kontext der Frühaufklärung, Tübingen 1997, S. 395-404.

ve Unterredung vierer Bürger über den Roman veröffentlicht wurde, gibt beredtes Zeugnis über die Bedeutung, die der Frühaufklärer jenem Zweig der Prosaliteratur zumaß.[7] Ob nun Thomasius selbst den Roman als „nicht sehr hoch"[8] eingeschätzt und in ihm einzig den „Übermittler philosophischer Lehren für die Masse des Volkes"[9] gesehen habe, wie Rieck meint, oder sein Beitrag zur Theoriediskussion „nichts wesentlich Neues"[10] geliefert habe, wovon Hillebrand überzeugt ist, sei an dieser Stelle dahingestellt. Fakt ist, dass der Frühaufklärer das Thema „Roman" überhaupt als solches theoretisch reflektiert; noch dazu im Rahmen einer fiktiven Diskussion, womit seine erzählerische Darstellung des Themas selbst ein entscheidendes Merkmal des Romans aufweist.

Einen ganz anderen Hintergrund bietet dagegen Heidegger, dessen Position von radikaler Romankritik geprägt ist. So holt der Schweitzer Theologe und reformierte Pfarrer, mithin führendes Mitglied eines schöngeistigen Kreises, der sich in „der Art barocker Gesprächsspiele"[11] mit literarischen Themen beschäftigte, in seiner Schrift „Mythoscopia Romantica" zur Rundumkritik am Roman aus. Durch die Veröffentlichung von Lohensteins „Arminius" herausgefordert, gibt er im Vorbericht zu seiner polemischen Schrift freimütig zu, er habe „diese Gattung Bücher schon vor langer Zeit gehasset"[12]. Heideggers Romankritik, die, wie viele seiner anderen Schriften auch, „puritanisch-pädagogische Absichten"[13] erkennen lässt, scheint auch in Deutschland einiges Aufsehen erregt zu haben.[14] Auch ihm kommt das Verdienst einer gewissen Originalität zu, denn wenn heute im literaturhistorischen Diskurs von Heideggers „Mythoscopia Romantica" die Rede ist, so bleibt dabei nur selten unerwähnt, dass er darin erstmalig das Wort „romantisch" (im Sinne von „unwahrhaftig" und „unmoralisch") gebraucht.[15]

---

[7] Vgl. Thomasius, Ch.: Schertz= und Ernsthaffter, Vernünftiger und Einfältiger Gedancken / über allerhand Lustige und nützliche Bücher und Fragen Erster Monath oder Januarius (1688), in: Lämmert, E. u.a. (Hgg.): Romantheorie. Dokumentation ihrer Geschichte in Deutschland 1620-1880, Berlin 1971, S. 39-45; (im Folgenden wird dieser Text beim Zitieren durch „Monatsgespräche" abgekürzt).

[8] Rieck, W.: Zur Vielhaft deutscher Romanliteratur zwischen Barock und Frühaufklärung, in: Studia Germanica Posnaniensia, 9 (1999), H. 24, S. 23-36, S. 28.

[9] Ebd.

[10] Hillebrand, B.: Theorie des Romans. Erzählstrategien der Neuzeit, 3., erw. Aufl., Stuttgart 1993, S. 77; Niefanger: Barock, S. 188 sieht das freilich ganz anders, denn dort wird behauptet, dass Thomasius die „erste systematische Unterscheidung von Romanformen in Deutschland" geliefert habe.

[11] Villinger, U.: s.v. Heidegger, G., in: Historische Kommission der Bayrischen Akademie der Wissenschaften (Hg.): Neue Deutsche Biographie, Bd. 8, Berlin 1969, S. 243-244, S. 243.

[12] Heidegger, G.: Mythoscopia Romantica oder Discours von den so benannten Romans, (=Ars poetica, Bd. 3), Faksimileausgabe nach dem Originaldruck von 1698, hg. v. E. Schäfer, Zürich u.a. 1969, Vorbericht (o. S.).

[13] Ebd., S. 244.

[14] Vgl. Hitzig, U.: Gotthard Heidegger - 1666-1711, Winterthur 1954, S. 36.

[15] Vgl. Villinger: Heidegger, S. 243 bzw. Löffler, J.: Kaleidomythoskopie. Gotthard Heideggers Mythoscopia Romantica und die digressio des Barock, in: Guenia, J./ Hermann, I.(Hgg.): Literatur als Blätterwerk. Perspektiven nichtlinearer Lektüre, St. Ingbert 2002, S.205-219, S. 207.

Nach diesen einleitenden Vorbemerkungen stellt sich die Frage, wie Thomasius und Heidegger aber nun den Roman genau beurteilen und welche Argumente dabei von ihnen ins Feld geführt werden.

III. Zur Diskussion um den Roman

III.1. Der Roman zwischen Wahrheit und Fiktion

Wie bereits angedeutet bringt Thomasius das Thema ‚Roman' im Rahmen einer fiktionalen Diskussion, die sich während einer Kutschfahrt zwischen den Fahrgästen entwickelt, zur Sprache. Indem er fragt „was man wohl in teutscher Sprache für Bücher schreiben solle, die wegen ihres Nutzens und ihrer Belustigung anderen den Vorzug streitig machen könten"[16], beginnt der Kaufmann Christoph das Gespräch. Sogleich ist er aufgefordert, auf seine Frage selbst eine Antwort zu formulieren. Dabei erweist sich Christoph als ausgesprochener Befürworter jener „ehrliche(n) Liebes=Geschichten"[17]. Der fiktionale Charakter der Roman-Geschichten stelle sich demnach als deren eigentliche Kunst heraus, denn niemand könne ernsthaft bestreiten, „daß es leichter sey et[...]was wahrhaftiges zu schreiben, als etwas zu dichten, daß der Wahrheit ähnlich sey [...]"[18]. In Romanen stecke damit nicht nur mehr Kunst als in „wahrhaftigen Historien"[19], sondern durch die Erfindung von Geschichten sei es vielmehr möglich „auch Politische, Moralische, ja auch sonsten *Philosophische* und *Theologische Discurse* gar vielfältig"[20] einzubringen.

Der gelehrte Herr Benedict stimmt diesen Ausführungen Christophs zu und führt gleichsam seine Leseerfahrungen mit der „Octavia" als positives Beispiel. Einem kritischen Einwand des schulmeisterlichen Konrektors David, wonach gerade in der „Octavia" einige Charaktere völlig anders gestaltet seien als in den Berichten römischer Historiker begegnet Benedict nochmals mit dem Argument der Kunstfertigkeit des Erfindens von Roman-Geschichten.[21] Mit dieser Darstellung verkehrt Thomasius den häufig an den Roman gerichteten Vorwurf der Kunstlosigkeit[22] kurzerhand ins Gegenteil, worauf auch die romankritischen Diskussionsteilnehmer nichts entgegnen können. Das Argument besticht und bleibt unwidersprochen.

---

[16] Monatsgespräche, S. 39.
[17] Ebd., S. 40
[18] Ebd.
[19] Ebd., S. 41.
[20] Ebd.
[21] Vgl. ebd., S. 41f.
[22] Vgl. Schneider: Roman-Analyse, S. 123.

Wie zu erwarten, hat Heidegger indes eine gänzlich andere Meinung. Nach seiner Überzeugung „seyn die Roman ein lauterer Lugen=Kram"[23] und deshalb abzulehnen, denn: „seyn uns nicht die Lügen verbotten […]?"[24] Heidegger versucht damit seine Überzeugung als die den christlichen Moralvorstellungen gemäße darzustellen und diskreditiert die Romanschreiber als Lügner, die ihre Leserschaft betrügen. Statt an Romanen seine Zeit zu verschwenden, sollte man sich lieber im „Historien=lesen"[25] befleißigen. Wenn die Romanschreiber gar „wahrhaffte Geschichten zu Lügen"[26] machten, wie es Thomasius als Kunst postuliert, dann „liegen [sie, M.S.] nicht allein / sondern *affrontieren* auch höchlich die unschuldige Wahrheit"[27].

Im Gegensatz zu Thomasius, der in seiner Argumentation den Vorschein der Aufklärung erkennen lässt und gerade in der Fiktion die eigentliche Kunst des Romans sieht, vertritt Heidegger eine zutiefst orthodoxe Position, die im christlich-scholastischen Weltbild des Barock wurzelt. Deshalb sind Romane für den Kleriker schlichtweg Lügengeschichten, die es zu bekämpfen gelte.

III.2. Vom Nutzen und Nachteil des Romans

Bei weiterer Lektüre der Texte von Thomasius und Heidegger wird schnell klar, dass der eigentliche Diskussionskern um die Frage der Nützlichkeit des Romans angesiedelt ist. Für Christoph, den vehementesten Romanverteidiger in Thomasius' Kutschgeschichte, sind die Romane nützlich und anmutig zugleich. In ihnen seien Unterhaltung und Nutzen auf kunstvolle Weise verknüpft; schließlich werde „wegen der artigen *inventionen* [nicht nur, M.S.] das Gemüthe belustiget, sondern zugleich der Verstand vortrefflich geschärffet"[28]. Dies treffe auf den Roman-Schreiber, der bei der Beschreibung all sein künstlerisches Geschick aufwenden müsse, ebenso zu, wie auf den Leser, da der Mensch gemeinhin „alle Künste und Wissenschaften mehr durch Exempel als [durch, M.S.] Regeln erlernet, und sich *imprimiret*"[29]. Der Leser ziehe also großen Nutzen aus dem Roman, indem er sich die Kunst, die in ihm stecke, beim Lesen nach und nach einpräge.

Freilich lässt Thomasius diese Laudatio auf den Roman nicht unwidersprochen und erteilt erneut dem schulmeisterlichen David das Wort, der prompt gegen jene „Lumpen=Sachen"[30]

---

[23] Heidegger, G.: Mythoscopia Romantica oder Discours von den so benannten Romans (1698), in: Lämmert, E. u.a. (Hgg.): Romantheorie. Dokumentation ihrer Geschichte in Deutschland 1620-1880, Berlin 1971, S. 52-56, S. 53 (im Folgenden wird dieser Text beim Zitieren durch „Mythoscopia" abgekürzt).
[24] Ebd., S. 55.
[25] Ebd., S. 54.
[26] Ebd.
[27] Ebd., S. 56.
[28] Monatsgespräche, S. 40.
[29] Ebd., S. 41.
[30] Ebd., S. 42.

scharfe Einwände erhebt. Demzufolge stünden Lust und Nutzen beim Roman-Lesen in einem äußerst ungesunden Verhältnis, denn er stellt fest, „daß die Lust die man in Lesung des Romans hat, allezeit nach *proportion* des Nutzens so man daraus schöpffet, zum wenigsten diesen zehnmal übertrifft"[31]. Darum sei die edle Zeit, die der Leser dem Roman widme, verschwendet. Und selbst der welterfahrene Kavalier Augustin findet bei Thomasius den Roman sehr bedenklich. Ihm scheint als das durch ihn der „*affect*, den wir Liebe zu nennen pflegen, ein wenig zu sehre angefeuret"[32] werde.

Heidegger schlägt in seiner streitbaren Schrift in die selbe Kerbe, denn er räumt zwar ein, „daß die ROMANS *zur Ergetzung / und Erbauwung des Le[...]sers dienten*"[33], nicht aber ohne dabei kritisch zu bemerken, „daß die Ergetzung nicht allen Lesern widerfuhre / die Erbauung aber sehr wenigen / und nur zufälliger weis"[34]. Damit stellt Heidegger den Nutzen des Romans von vornherein in Frage. Weil die zur Zeit des Barock mitunter sehr umfängliche Prosa-Literatur die Eigenschaft besäße, den Leser mit ihren erfundenen Geschichten zu fesseln und somit zum weiterlesen zu animieren, ginge von ihr eine besondere Gefahr der Zeitverschwendung aus.[35] Schließlich berichtet Heidegger sogar von gesundheits-schädlichen Folgen des Romanlesens:

> Denn die *Romans* setzen das Gemüth [...] in Sehnen / Unruh / Lüsternheit und Brunst / nehmen den Kopff gantz als in Arrest / setzen den Menschen in ein Schwitzbad der *Pas[...]sionen* / verderben folgends auch die Gesundheit / machen *Melancholicos* und Duckmauser / der *Appetit* vergeht / der Schlaff wird verhinderet und *walzt man sich im Beth herum / als wie die Thür im Angel* / den zu anderem tüchtig gewesten Geist machen sie träg und überdrüssig / batauben und belästigen das Gedechtnuß[...][36]

Neben theologisch-moralischen hat der Kleriker damit gegenüber dem Roman auch schwere medizinische Bedenken. Beides führt zu einer generellen Ablehnung des Roman-Genres und soll den Leser davon überzeugen, das der Roman nicht nur unnütz, sondern gar schädlich für den menschlichen Geist sei.

---

[31] Ebd., S. 43.
[32] Ebd., S. 44.
[33] Mythoscopia, S. 52.
[34] Ebd.
[35] Vgl. ebd., S. 54.
[36] Ebd., S. 54f.

IV. Zusammenfassung

In der Zusammenschau der Texte fällt auf, dass beide kritische Einwände gegen den Roman zur Sprache bringen; der Vorwurf der Nutzlosigkeit und Zeitverschwendung findet sich daher sowohl bei Thomasius als auch bei Heidegger. Indem er die mangelnde Wahrhaftigkeit der Romangeschichten kritisiert, erhebt Heidegger überdies schwere moralische Vorwürfe gegen den Roman, zudem warnt er vor dessen gesundheitsschädlichen Folgen. Thomasius, und das ist der gravierende Unterschied zu Heidegger, stellt in seiner fiktiven Diskussion allerdings mehrere Meinungen dar und überlässt es dem Leser, Substanz und Überzeugungskraft der Argumente zu prüfen und sich - Kraft des eigenen Verstandes - selbst ein Urteil zu bilden. Thomasius' Beitrag im romantheoretischen Diskurs seiner Zeit zeigt damit, wie weit im letzen Drittel des 17. Jahrhunderts die Tür zur Aufklärung bereits aufgestoßen worden war. Ganz anders dagegen Heidegger: Der Theologe steht fest auf dem totalitären Grund eines christlichen, von scholastischem Denken zeugenden Weltbildes.

Quellen- und Literaturverzeichnis (inkl. weiterführender Bibliografie)

Primärquellen

Heidegger, G.: Mythoscopia Romantica oder Discours von den so benannten Romans, (=Ars poetica, Bd. 3), Faksimileausgabe nach dem Originaldruck von 1698, hg. v. E. Schäfer, Zürich u.a. 1969.

Heidegger, G.: Mythoscopia Romantica oder Discours von den so benannten Romans (1698), in: Lämmert, E. u.a. (Hgg.): Romantheorie. Dokumentation ihrer Geschichte in Deutschland 1620-1880, Berlin 1971, S. 52-56.

Opitz, M.: Buch von der Deutschen Poeterey (1624), hg. v. H. Jaumann, Stuttgart 2002.

Thomasius, Ch.: Schertz= und Ernsthaffter, Vernünftiger und Einfältiger Gedancken / über allerhand Lustige und nützliche Bücher und Fragen Erster Monath oder Januarius (1688), in: Lämmert, E. u.a. (Hgg.): Romantheorie. Dokumentation ihrer Geschichte in Deutschland 1620-1880, Berlin 1971, S. 39-45.

Sekundärliteratur

Hillebrand, B.: Theorie des Romans. Erzählstrategien der Neuzeit, 3., erw. Aufl., Stuttgart 1993.

(Grundlagenwissen zu Herkunft, Theorie und Entwicklung des Romans vom Barock bis nach 1945, vornehmlich deutscher Roman im Blick)

Hitzig, U.: Gotthard Heidegger - 1666-1711, Winterthur 1954.

(einziger biografischer Versuch über Heidegger; leider nicht sehr gelungen, da sehr lückenhaft)

Jaumann, H.: Bücher und Fragen: Zur Genrespezifik der Monatsgespräche, in: Vollhardt, F.(Hg.): Christian Thomasius (1655-1728). Neue Forschungen im Kontext der Frühaufklärung, Tübingen 1997, S. 395-404.

Kundert, U.: Ist Fiktion Lüge? Lügenvorwurf in fiktionalem Gewand in Gotthard Heideggers "Mythoscopia Romantica" (1698), in: Bär, K. u.a.(Hgg.): Text und Wahrheit. Ergebnisse der interdisziplinären Tagung "Fakten und Fiktionen" der Philosophischen Fakultät der Universität Mannheim, 28.-30. November 2002, Frankfurt a. M. 2004, S. 51-62.

Löffler, J.: Kaleidomythoskopie. Gotthard Heideggers Mythoscopia Romantica und die digressio des Barock, in: Guenia, J./ Hermann, I.(Hgg.): Literatur als Blätterwerk. Perspektiven nichtlinearer Lektüre, St. Ingberg 2002, S.205-219.

Meid, V.: Der deutsche Barockroman, Stuttgart 1974.

(fast 20 Seiten zur Romantheorie; u.a. Thomasius und Romankritik - etwas älter, dennoch lesenswert)

Niefanger, D.: Barock. Lehrbuch Germanistik, 2., überarb. u. erw. Aufl., Stuttgart 2006.

(m.E. derzeit beste Einführung in die Barockliteratur; Kapitel 7 über Barockroman inkl. Romantheorie)

Pilling, D.: Christian Thomasius - Aufklärer, Wissenschaftler, Publizist, Schriftsteller, in: Weimarer Beiträge, 36 (1990), H. 5, S. 735-754.

(kurzer, schlecht strukturierter Überblick über Thomasius' Wirken; zudem auf marxistischem Geschichtsbild basierend - nur sehr bedingt brauchbar)

Rieck, W.: Zur Vielhaft deutscher Romanliteratur zwischen Barock und Frühaufklärung, in: Studia Germanica Posnaniensia, 9 (1999), H. 24, S. 23-36.

(guter Überblick über das vielfältige Romanschaffen in Deutschland zwischen Barock und Frühaufklärung; knappe Anmerkungen zu Thomasius)

Schneider, J.: Einführung in die Roman-Analyse, Darmstadt 2003.

(nicht nur Analyseinstrumentarium vorgestellt, sondern auch wertvolle Einführung in Gattungs-, Poetik- und Ästhetikgeschichte des Romans)

Schneiders, W.: s.v. Thomasius, Christian, in: W. Killy u. R. Vierhaus (Hgg.): Deutsche Biographische Enzyklopädie, Bd. 10, München 1989, S. 20.

Schröder, P.: Christian Thomasius zur Einführung, Hamburg 1999.

Steinecke, H./ Wahrenburg, F. (Hgg.): Romantheorie. Texte vom Barock bis zur Gegenwart, Stuttgart 1999. *(was die Quellenedition angeht, so ist Lämmert vorzuziehen; allerdings ist die Einleitung in diesem Band sehr brauchbar und - was Überblick und Einführungscharakter anbelangt - besser als Lämmert)*

Villinger, U.: s.v. Heidegger, G., in: Historische Kommission der Bayrischen Akademie der Wissenschaften (Hg.): Neue Deutsche Biographie, Bd. 8, Berlin 1969, S. 243-244.

Vosskamp, W.. Romantheorie in Deutschland. Von Martin Opitz bis Friedrich von Blanckenburg, (=Germanistische Abhandlungen, Bd. 40), Stuttgart 1973.